CAMINAR JUNTOS AUN SIN ESTAR DE ACUERDO

Cómo mantener la unidad cuando la fe, los sueños o las personalidades parecen diferentes

MARÍA ISABEL RODRÍGUEZ

Índice

📜 Créditos	vii
✨ Prólogo	1
1. 🌙 Capítulo 1: Dos Caminos, Un Propósito	5
2. 🌟 Capítulo 2: Cuando Uno Quiere Apagar la Luz del Otro	10
3. 🌿 Capítulo 3: Aplaudir los logros del otro	15
4. 🌿 Capítulo 4: Manipulación o Entendimiento	21
5. ✨ Capítulo 5: Fe Dividida, Amor Unido	27
6. 💎 Capítulo 6: La Verdad sobre la Sumisión	33
7. ❤️ Capítulo 7: Cumplir el Compromiso Hasta la Muerte	39
8. 💖 Capítulo 8: El Amor Que No Se Rinde	45
9. 💔 Capítulo 9: ¿Será el divorcio la solución?	50
10. 🌺 Capítulo 10: Renovar el Amor, Avivar la Llama	57
11. 💬 Capítulo 11: Historias que Hablan: Testimonios de Amor, Ruptura y Restauración	64
🙏 Epílogo: Una Conversación con Dios	71
🌿 Guía Práctica de Reflexión y Crecimiento Matrimonial	77
🌷 Agradecimientos	85
✒️ Sobre la Autora	89

*A mi amado esposo, compañero de camino,
que junto a mí aprendió que amar no es coincidir en todo,
sino elegir cada día seguir de la mano, aun en medio de las diferencias.
A Dios, el autor del amor verdadero,
que tomó dos corazones rotos y los unió bajo Su gracia.
Y a todas las parejas que siguen creyendo que sí se puede —
que con fe, perdón y propósito,
el amor puede renacer una y otra vez.*

Créditos

Título del libro:
Caminar Juntos Aun Sin Estar de Acuerdo

Autora:
María Isabel Rodríguez

Edición y Producción Literaria:
Independiente

Diseño de Portada:
Inspirado y dirigido por el Espíritu Santo

Concepto visual: María Isabel Rodríguez

Revisión y Edición General:
Equipo Editorial de Iglesia El Legado

Con la colaboración de líderes y matrimonios restaurados por la gracia de Dios

ISBN: 979-8-9934560-5-8
Primera edición: 2025
Impreso en: Estados Unidos

❧

◆ DERECHOS RESERVADOS

Ninguna parte de este libro puede ser reproducida, almacenada o transmitida por ningún medio —sea electrónico, fotocopia o grabación— sin el permiso escrito de la autora.

Las citas o referencias breves pueden utilizarse con crédito adecuado a la fuente.

❀ ACLARACIÓN

Algunas historias y testimonios han sido adaptados o combinados para proteger la identidad de las personas, sin alterar su esencia espiritual ni el mensaje original de esperanza.

✨ DEDICATORIA ESPIRITUAL

"A Dios, quien escribe historias con gracia y propósito.
A los matrimonios que luchan, aman y perseveran.
Y a todo corazón que aún cree que el amor, cuando está en Cristo,
puede volver a florecer."

📖 CONTACTO & MINISTERIO

Iglesia El Legado
Vineland, Nueva Jersey – EE.UU.
✉ airamisabel05@gmail.com

🌐 www.amazon.com/author/mariaisabelrodriguez
📱 Redes Sociales: **@MariaIsabel / @IglesiaElLegado**

Prólogo
"CAMINAR JUNTOS AUN SIN ESTAR DE ACUERDO"

Por María Isabel Rodríguez

Nos casamos muy jóvenes. No porque sabíamos lo que significaba el matrimonio, sino porque ambos buscábamos un lugar donde sanar. Veníamos de familias disfuncionales, marcadas por vacíos emocionales, heridas no tratadas y silencios prolongados. Nos unió el deseo de sentirnos amados, de encontrar refugio en alguien más, sin entender que ninguno de los dos sabía realmente cómo amar desde la plenitud.

Al principio nuestro hogar fue un reflejo de lo que habíamos visto crecer: luchas, orgullo, carencias económicas, palabras que dolían más que los problemas. Queríamos avanzar, pero cada uno caminaba con su propio mapa. Yo deseaba ser comprendida;

él buscaba paz en medio del ruido. Sin darnos cuenta, estábamos construyendo una familia sobre los fragmentos de dos historias rotas.

Recuerdo haber pensado que el amor se sostenía callando, que debía aceptar todo para que él no se fuera. Llegué a confundir la sumisión con el miedo, el perdón con la resignación, y el silencio con la paz. Sufrí infidelidad, inseguridad y muchas veces lloré creyendo que amar significaba aguantar. Pero un día, en medio del cansancio emocional y espiritual, **Jesús llegó**. Y cuando él entra en una casa, nada vuelve a ser igual.

No cambió de la noche a la mañana. No fue una historia mágica donde de pronto todo se arregló. Pero comenzó un proceso: el de aprender a **caminar juntos** sin tener que pensar igual, el de **hablar lo que duele** sin destruirnos, el de **buscar soluciones** en lugar de culpas.

Descubrimos que no se trata de quién gana la discusión, sino de quién decide amar primero. Que no es quién tiene la razón, sino quién tiene a Cristo en el centro. Que la verdadera sumisión no es someterse por miedo, sino confiar por amor.

Aprendimos a reírnos de nuestras diferencias, a celebrar los logros del otro sin sentir competencia. Ya no nos apagamos mutuamente: nos impulsamos. Porque cuando uno brilla, el otro también refleja esa luz.

Hoy no somos un matrimonio perfecto —somos un matrimonio procesado. Hemos llorado, perdido, perdonado y vuelto a empezar más veces de las que podemos contar. Pero cada caída nos enseñó algo: **no caminamos juntos porque somos iguales, sino porque decidimos seguir caminando aun cuando no lo somos.**

Este libro nace de ese caminar. De las conversaciones profundas, de los silencios incómodos, de las veces que no supimos qué decir, pero elegimos quedarnos. Es una carta abierta a los matrimonios que todavía creen que se puede. Que aún desean amar como Dios ama: sin condiciones, sin competencia, sin rendirse.

Mi deseo es que, al leer cada capítulo, puedas verte reflejado no en la perfección de una pareja, sino en el milagro de dos seres imperfectos aprendiendo a amar bajo la gracia. Que cada testimonio, enseñanza y ejemplo te recuerde que **caminar juntos no significa estar siempre de acuerdo, sino seguir caminando con el mismo propósito: permanecer en Dios hasta el final.**

María Isabel Rodríguez
Autora & Pastora

"Porque no siempre coincidimos, pero siempre elegimos amarnos."

Capítulo 1: Dos Caminos, Un Propósito

*ndarán dos juntos, si no estuvieren de acuerdo?"*
– Amós 3:3

1. Cuando el amor no sabe caminar

Nos casamos jóvenes, llenos de ilusiones, creyendo que el amor todo lo podía. Pero nadie nos explicó que el amor necesita dirección, propósito y madurez. Que no basta con sentir — hay que aprender a construir.

Cada uno de nosotros tenía una historia diferente. Dos mundos, dos heridas, dos maneras de entender lo que era amar. Queríamos lo mismo — ser felices — pero no sabíamos cómo hacerlo juntos.

Éramos como dos personas caminando en la misma

carretera, pero mirando hacia distintos horizontes. Él buscaba paz; yo buscaba estabilidad. Él quería silencio; yo necesitaba hablar. Y en medio de esas diferencias, el enemigo muchas veces susurraba: *"No van a poder."*

Pero lo que no sabíamos entonces era que **el propósito de Dios era más fuerte que nuestras diferencias.**

2. Cuando Dios entra en la historia

Hubo un punto donde el amor humano ya no alcanzaba. Nos sentíamos vacíos, heridos, cansados de intentar. Y fue justo ahí — cuando nuestras fuerzas se agotaron — que Jesús entró.

Él no vino a borrar el pasado, sino a **enseñarnos a caminar de nuevo**, pero ahora tomados de Su mano.

Entendimos que **caminar juntos no significa pensar igual, sino avanzar con el mismo propósito.** Que aunque nuestras opiniones sean distintas, si el centro es Cristo, seguimos en la misma dirección.

"El matrimonio no es una carrera para ver quién llega primero, sino una caminata donde aprendemos a llegar juntos."

3. Unidad no es uniformidad

Por años creí que para tener paz debía callar. Que estar de acuerdo significaba decir "sí" aunque mi corazón gritara "no". Pero el Señor me mostró que **la unidad no se construye desde la sumisión ciega, sino desde el respeto y la comunicación.**

Hablar lo que no agrada, expresar lo que duele, compartir lo que inquieta — todo eso también es amor.

"Callar para evitar conflicto puede parecer sabiduría, pero muchas veces es miedo disfrazado."

Hoy aprendimos que el secreto está en buscar el **"happy medium"**: ese punto donde ambos ceden un poco para ganar mucho. Donde no importa quién tiene la razón, sino que ambos salgan edificados.

4. Dos procesos, un mismo destino

En todo matrimonio hay temporadas: una donde uno crece más rápido que el otro, otra donde uno tropieza y el otro se sostiene. Al principio me frustraba. Quería que él entendiera, sintiera y sirviera a Dios al mismo ritmo que yo.

Pero Dios me dijo: *"Tú camina, Yo me encargo de él."*

Ahí aprendí que **no se trata de empujar a la pareja, sino de orar por ella.** Que si uno de los dos se mantiene firme, el otro encontrará su paso. Y cuando los dos deciden caminar bajo la misma gracia, la distancia se acorta.

5. Fragmento de nuestro caminar

"Recuerdo una noche en la que discutimos fuerte. Los dos queríamos tener la última palabra. Pero en medio del enojo, él me tomó la mano y dijo: 'No entiendo todo lo que sientes, pero no quiero perderte.' Y lloramos. No porque uno gana, sino porque decidimos no seguir caminando separados."

Esa noche entendí que el amor no necesita un vencedor. **Solo necesita dos personas dispuestas a volver al punto de encuentro: Dios.**

6. Reflexión para el lector

Tal vez hoy te sientas caminando solo en tu relación. Quizás pienses que tu pareja ya no te entiende, o que están en direcciones opuestas. Pero déjame recordarte algo:

El amor sin propósito se desgasta, pero el amor con propósito se transforma.

Si Dios está en medio, los caminos se cruzan. Las heridas sanan. Las diferencias se vuelven complemento.

Pídele al Señor que te ayude a mirar más allá de lo que te duele y a reconocer lo que Él está construyendo. A veces no necesitas un nuevo matrimonio, solo una nueva forma de mirar el que tienes.

7. Oración final

Señor, enséñanos a caminar juntos aun cuando
no pensemos igual.
Que en cada paso se note Tu presencia, en cada

*palabra Tu sabiduría, y en cada silencio
Tu paz.*
Ayúdanos a recordar que no se trata de tener razón, sino de tener propósito.
Que nuestro matrimonio sea un testimonio vivo de Tu gracia.
En el nombre de Jesús, amén.

🌟 Capítulo 2: Cuando Uno Quiere Apagar la Luz del Otro

※

"*El amor no tiene envidia, no es jactancioso, no se envanece.*" – *1 Corintios 13:4*

1. Cuando el brillo del otro nos incomoda

En todo matrimonio hay momentos donde uno parece avanzar más rápido que el otro. Uno sueña, conquista, crece… mientras el otro se siente estancado, invisible o en la sombra. Y aunque nadie lo diga en voz alta, muchas veces nace en el corazón un pensamiento peligroso:

"¿Y yo? ¿Dónde quedé yo?"

Así empezó uno de los capítulos más difíciles de nuestra historia. Cuando yo comencé a involucrarme más en las cosas de Dios, en proyectos, en servir, sin darme cuenta mi crecimiento comenzó a incomodar. No porque él no quisiera verme bien, sino porque el enemigo siempre intentará sembrar la duda en medio del amor: *"Ella ya no me necesita. Ella está cambiando."*

Y es que las inseguridades no siempre nacen del orgullo. A veces nacen del miedo a perder el lugar que se ama.

2. El amor no compite, el amor acompaña

Por mucho tiempo pensé que debía **bajar mi luz** para no hacerlo sentir menos. Callar mis logros, disminuir mis sueños, esconder mi llamado. Pero el Espíritu Santo me habló claro:

"La luz que viene de mí no apaga, ilumina."

Ese día entendí que cuando uno brilla, el otro no tiene que apagarse. Al contrario, cuando la luz de Dios está en ambos, la casa completa se llena de claridad.

El amor maduro no compite. No mide quién ora más, quién trabaja más o quién aporta más.

El amor maduro celebra: dice *"gracias"*, dice *"me alegra por ti"*, dice *"si brillas tú, brillamos los dos."*

3. Cuando el orgullo se disfraza de protección

Hubo un tiempo en que él no entendía por qué servía tanto.

Sentía que me estaba alejando. Y en su intento de "protegernos", comenzó a pedirme que bajara el ritmo. Pero detrás de ese pedido no había maldad, había temor. Temor de que lo espiritual me desconectara de lo cotidiano. Temor de perder a la mujer que conoció.

Y yo, en lugar de entenderlo, lo juzgué. Lo acusé de no apoyarme. Entramos en un ciclo donde los dos queríamos ser comprendidos, pero ninguno quería escuchar.

Fue en oración donde Dios me mostró que **su proceso no era falta de fe, sino parte del crecimiento.**

Aprendí que no puedo esperar que el otro vea con mis ojos si Dios todavía está sanando los suyos.

4. Fragmento de nuestro caminar

"Recuerdo una ocasión en que recibí una invitación para predicar por primera vez. Estaba emocionada, pero temerosa. Él se quedó callado. No me felicitó ni mostró emoción. Me dolió. Pero en lugar de discutir, fui al cuarto, me arrodillé y oré: 'Señor, enséñame a no herir cuando me siento herida.'

Días después, él me sorprendió diciendo: 'No sabía cómo decirlo, pero estoy orgulloso de ti.' Lloramos los dos. No porque todo se solucionó, sino porque entendimos que **el silencio a veces también es miedo, no falta de amor.**"

5. Aprender a celebrar sin sentir amenaza

Dios comenzó a enseñarnos una lección hermosa:
Celebrar al otro es también una forma de adorarlo a Él.

Cada vez que uno de los dos lograba algo — una meta, una victoria, un paso de fe — decidimos hacerlo parte de los dos. Ya no decíamos: "Tú lograste eso."

Decíamos: "Dios lo hizo en nosotros."

Porque cuando un matrimonio camina en propósito, el éxito no es personal, es compartido.

No se trata de quién brilla más, sino de **cómo el brillo de ambos glorifica a Dios.**

6. Sanar la competencia oculta

Si en tu relación has sentido competencia, comparación o celos, no lo niegues — entrégaselo a Dios.

Él no quiere que vivas apagando tu luz para mantener la paz, ni que uses tu éxito para demostrar tu valor.

Quiere que ambos aprendan a ser reflejo, no rivales.

"Una pareja madura no se teme ni se mide: se inspira."

La competencia desaparece cuando ambos entienden que tienen **llamados diferentes pero un mismo propósito eterno.**

7. Reflexión para el lector

¿Has sentido que tu crecimiento incomoda a quien amas?

¿O que el brillo de tu pareja te hace sentir menos?

El amor no busca sombra, busca balance.

Permite que la luz de Dios ilumine los rincones donde hay comparación, orgullo o miedo.

Recuerda: *no necesitas opacar para mantener, ni competir para destacar.*

Cuando Dios está en medio, la luz de uno enciende la del otro.

8. Oración final

Señor, enséñanos a celebrar y no competir.
A mirar el brillo del otro como una extensión de
    Tu gloria.
Quita de nosotros toda comparación,
    inseguridad y orgullo.
Que aprendamos a caminar de la mano, sin
    miedo a quién brilla más,
sabiendo que toda luz viene de Ti.
En el nombre de Jesús, amén.

🌿 Capítulo 3: Aplaudir los logros del otro

"*Gozaos con los que se gozan; llorad con los que lloran.*" – Romanos 12:15

1. El arte de celebrar sin comparación

Aplaudir los logros de quien amas parece fácil hasta que el corazón lucha con la comparación.

A veces no es envidia, es cansancio. Es mirar el esfuerzo del otro y preguntarte por qué tus frutos no se ven igual.

Pero el amor verdadero no mide — se alegra. No calcula — celebra. No compite — comparte.

Aprendimos que en el matrimonio **los triunfos no son individuales**, son del equipo. Cuando uno gana, los dos crecen. Cuando uno cumple un sueño, el otro también avanza, aunque su papel sea el de apoyo silencioso.

> *"El aplauso que más vale no es el del público, es el que se escucha en casa."*

2. Cuando el logro del otro despierta inseguridad

Recuerdo una temporada en la que Dios comenzó a abrirme puertas. Convocatorias, invitaciones, proyectos… Yo veía la mano de Dios moverse, pero notaba cierta distancia en él.

No porque no me amara, sino porque no sabía cómo acompañar algo que no comprendía del todo.

Hasta que un día, en oración, el Señor me habló:

"No esperes que te aplaudan para sentirte aprobada. Si el aplauso no viene de él, vendrá de mí. Pero ora para que llegue el día en que los dos celebren juntos."

Y ese día llegó.

Después de una de mis participaciones, lo vi sonriendo, con los ojos llenos de lágrimas. No dijo mucho, solo un: "Estoy orgulloso de ti." Y eso valió más que cualquier escenario.

Aplaudir los logros del otro **no siempre se trata de entusiasmo visible**, sino de aprender a honrar con gestos pequeños, con apoyo, con silencio que acompaña.

3. Aprendiendo a aplaudir desde el amor

El aplauso sincero nace del amor maduro — ese que entiende que los dones del otro no amenazan, sino complementan.

Cada talento en el matrimonio tiene un propósito divino.

Dios no repite moldes, diseña contrastes que juntos forman plenitud.

"No somos competencia, somos complemento."

Cuando uno canta, el otro sostiene la nota.

Cuando uno habla, el otro intercede.

Cuando uno siembra, el otro riega.

Y juntos, Dios da el crecimiento.

4. Fragmento de nuestro caminar

"Hubo un tiempo en que cada victoria parecía una distancia. Pero aprendimos que el éxito no es subir más alto, sino mantenerse juntos. Hoy celebramos hasta lo pequeño: una meta alcanzada, una oración contestada, una decisión sabia. Aprendimos a decirnos 'gracias' y 'te felicito', no porque seamos perfectos, sino porque entendimos que **cada logro en uno es una bendición para ambos.**"

"Cuando él prospera, yo gano paz. Cuando yo avanzo, él gana orgullo sano. Y cuando ambos servimos, el cielo se alegra."

5. El aplauso como acto de adoración

Aplaudir lo que Dios hace en tu pareja **es una forma de adorarlo a Él.**

Porque reconoces Su mano, Su obra y Su propósito.

Cuando celebras los logros de tu cónyuge, no solo fortaleces la relación, también alimentas la autoestima del otro y le recuerdas que no camina solo.

El matrimonio se hace más fuerte cuando ambos se convierten en los mayores motivadores del otro.

"Un matrimonio maduro no se destruye por quién brilla más, sino que se edifica con quién sostiene la luz cuando el otro se cansa."

6. Cómo practicar el aplauso diario

Aquí te dejo pequeñas formas de celebrar al otro cada día:

- 💬 **Afirma verbalmente**: "Estoy orgulloso(a) de ti", "Vi cómo te esforzaste hoy."
- 💌 **Escribe palabras de aliento** en notas, mensajes o detalles.
- 🤝 **Reconoce públicamente**: Agradece frente a los hijos, amigos o familia.
- 🕊️ **Ora por sus metas** y da gracias por cada logro.
- 🎉 **Celebra lo pequeño:** no todo éxito lleva trofeo, a veces solo requiere gratitud.

. . .

CELEBRAR NO ES UNA EMOCIÓN, ES UNA ELECCIÓN DIARIA.
Cada vez que eliges aplaudir en lugar de criticar, fortaleces el pacto.

7. REFLEXIÓN PARA EL LECTOR
Pregúntate hoy:

- ¿He aprendido a celebrar a mi pareja sin sentir comparación?
- ¿He agradecido últimamente por lo que Dios está haciendo en su vida?
- ¿Mis palabras edifican o apagan el entusiasmo de quien amo?

DIOS TE LLAMA A SER **VOZ DE ÁNIMO,** NO ECO DE JUICIO.
Aplaudir al otro no te hace menos: te hace más semejante a Cristo, quien se alegra por cada paso de los suyos.

8. ORACIÓN FINAL

Señor, enséñanos a celebrar con sinceridad.

A reconocer Tu obra en la vida de quien amamos.
Líbranos de la comparación, del orgullo y del silencio que hiere.
Que cada palabra que salga de nuestra boca sea un aplauso a lo que Tú estás haciendo.
Y que en cada victoria del otro, podamos verte a Ti.
En el nombre de Jesús, amén.

🌿 Capítulo 4: Manipulación o Entendimiento

"*El amor no busca lo suyo, no se irrita, no guarda rencor." 1 Corintios 13:5*

1. El control disfrazado de amor

Hay formas de manipular que no se ven a simple vista.

No siempre se trata de gritos o imposiciones; a veces se esconde detrás del silencio, la culpa o la frase: *"Yo solo quiero lo mejor para ti."*

Durante mucho tiempo pensé que amar era cederlo todo.

Que debía aceptar todo, aunque me doliera, para no perderlo. Que someterme significaba callar mis emociones para evitar conflictos.

Y sin darme cuenta, convertí el amor en una lucha por aprobación.

"La manipulación no siempre busca dominar, a veces busca no ser abandonada."

Yo quería sentirme amada, y en ese intento traté de moldear cada detalle para que todo saliera como yo quería. Pero en el fondo no estaba buscando armonía, sino seguridad.

Y la seguridad que nace del control es una ilusión: solo la paz de Dios puede llenar ese vacío.

2. Cuando el amor se convierte en una estrategia

En el matrimonio es fácil caer en juegos emocionales:

- El **silencio prolongado** para castigar.
- La **culpa** para obtener atención.
- Las **palabras duras** disfrazadas de "te lo digo por tu bien."

Yo misma usé varias de esas armas sin darme cuenta.

Y él también lo hizo.

Era nuestra forma de defendernos, no de herir.

Pero el enemigo siempre usa la falta de comunicación como terreno fértil para el orgullo.

Hasta que el Espíritu Santo nos confrontó:

"Ustedes no están luchando el uno contra el otro, están luchando con el miedo de perderse."

Ese día lloramos los dos. Porque entendimos que lo que parecía distancia, en realidad era un grito del alma pidiendo comprensión.

3. Entender antes que exigir

Aprendimos que entender no es lo mismo que estar de acuerdo.

Puedo no compartir lo que sientes, pero aun así respetarlo.

Puedo no pensar igual, pero escuchar con empatía.

El amor no busca cambiar al otro, busca conocerlo.

Y el conocimiento profundo no se obtiene con manipulación, sino con paciencia y escucha.

"Quien ama no impone, propone."

Cuando dejamos de intentar ganarnos la razón, comenzamos a ganar paz.

Cuando dejamos de hablar para responder y empezamos a escuchar para comprender, el corazón se abre y la relación sana.

4. Fragmento de nuestro caminar

"Recuerdo una temporada en la que quería que él hiciera las cosas 'a mi manera'. Pensaba que así todo sería más fácil. Le decía: 'Tú no entiendes, es por nuestro bien.' Pero con los años entendí que esa frase escondía control, no sabiduría.

Hasta que un día, después de una discusión, él me dijo: 'Tú no me dejas ser.'

Esa frase me quebró. No porque fuera dura, sino porque era cierta.

Me había acostumbrado a decidir, opinar, dirigir, incluso corregir sin dejar espacio para que él también guiará.

Esa noche pedí perdón. Y él también lo hizo. No éramos enemigos, solo necesitábamos un nuevo lenguaje: **el del entendimiento.**"

5. El lenguaje del entendimiento

El entendimiento no se impone, se construye.
Requiere humildad, tiempo y deseo genuino de paz.
Algunas claves que aprendimos:

- 💬 **Escucha antes de responder.** A veces el corazón no pide soluciones, pide comprensión.
- 🤝 **Evita usar la Biblia como arma.** La Palabra no se usa para tener control, sino para traer restauración.
- 🕊️ **Da espacio.** No todo debe resolverse en el momento. El silencio puede ser parte de la sanidad.
- 💗 **Ora por revelación, no por cambio.** Pídele a Dios que te muestre cómo amar mejor, no solo cómo hacer que el otro cambie.

6. La sumisión desde el entendimiento

Por años confundí sumisión con silencio.

Pensé que para ser una esposa "espiritual" debía soportar todo sin hablar.

Pero la verdadera sumisión no es perder voz, es rendir el orgullo para ganar armonía.

Someterme a él no significó dejar de ser quien soy, sino aprender a caminar en unidad.

Y él aprendió que liderar no era mandar, sino cuidar.

"El matrimonio no se sostiene por quien manda, sino por quien entiende el corazón del otro."

7. Reflexión para el lector

Si sientes que tu relación está en un ciclo de manipulación, control o falta de entendimiento, no te culpes, pero tampoco te acostumbres.

Dios puede sanar ese patrón y transformar la dinámica.

Empieza hoy por algo pequeño: **escucha sin juzgar.**

Hazle una pregunta desde el amor, no desde el reproche.

Y cuando hables, deja que tus palabras traigan calma, no defensa.

"Cuando cambias el tono, el cielo cambia la atmósfera."

8. Oración final

Señor, enséñanos a amar desde la libertad y no desde el miedo.
Líbranos del deseo de controlar y danos un corazón dispuesto a comprender.
Que cada conversación en nuestro hogar se llene de gracia y verdad.
Que aprendamos a escucharnos sin juzgarnos, a corregirnos sin herirnos,
y a someternos el uno al otro bajo Tu amor.
En el nombre de Jesús, amén.

Capítulo 5: Fe Dividida, Amor Unido

"**P**orque el marido incrédulo es santificado en la mujer, y la mujer incrédula en el marido." 1 Corintios 7:14

1. Cuando los ritmos espirituales no coinciden

Uno de los mayores desafíos en un matrimonio es cuando la fe de ambos no camina al mismo paso.

Uno despierta con deseos de orar, servir, congregarse, buscar la presencia de Dios; mientras el otro, quizás cansado o confundido, no siente lo mismo.

No siempre es incredulidad; a veces es un proceso.

Y cuando no entendemos eso, fácilmente el enemigo siembra frustración, distancia y juicio.

En nuestro caso, hubo temporadas donde mi fuego espiritual parecía intimidar, y otras donde su calma me impacientaba.

Yo quería que los dos avanzáramos al mismo ritmo, pero Dios me mostró que **no siempre caminamos igual, pero sí podemos caminar en la misma dirección.**

"No todos llegan al monte por el mismo camino, pero el monte sigue siendo el mismo: la presencia de Dios."

2. Amar sin imponer

Confieso que muchas veces usé la Biblia como escudo.

Cuando no entendía su forma de reaccionar, lanzaba versículos como si fueran argumentos para ganar una discusión.

Hasta que un día el Espíritu Santo me confrontó:

"Yo no te llamé a corregirlo, te llamé a amarlo."

Ahí entendí que el amor que transforma no se impone, se demuestra.

Que una oración sincera vale más que mil sermones.

Y que servir a Dios no me hacía "más espiritual", sino más responsable de cuidar el corazón de mi hogar.

"No se trata de traer la iglesia a la casa a la fuerza, sino de que la presencia de Dios haga del hogar una iglesia."

3. Cuando la fe parece dividir

Había días en que regresaba llena del servicio, con el corazón encendido, y encontraba un silencio que apagaba mi entusiasmo.

Me dolía, porque deseaba que compartiéramos el mismo gozo, pero el Espíritu me recordó:

"La fe no se fuerza, se contagia."

Entonces comencé a servir con alegría, sin quejas, sin reproches, sin presión.

Empecé a orar más por él que por mis emociones.

A dejar que Dios hablara donde mis palabras no alcanzaban.

Y poco a poco, sin que yo lo notara, **él comenzó a cambiar.**

No porque lo presioné, sino porque Dios usó mi constancia para despertar en él la curiosidad por lo espiritual.

4. Fragmento de nuestro caminar

"Recuerdo una noche en que estaba orando en silencio. No dije nada, no pedí que me acompañara.

Pero minutos después, sentí su mano sobre la mía.

No oró en voz alta, pero su gesto dijo más que mil palabras.

Ese día entendí que Dios no necesita espectáculo para obrar: a veces el milagro sucede en el silencio compartido."

Desde entonces, aprendimos que el amor no se mide por cuántos ministerios servimos, sino por **cuánto reflejamos a Cristo dentro de casa.**

5. Cómo mantener la unidad cuando la fe es diferente

Dios nos enseñó principios que hoy compartimos con cada pareja que atraviesa esa etapa:

- 🙏 **Ora más, exige menos.** Las palabras convencen, pero la oración transforma.
- 💗 **Modela la fe con amor.** Tu actitud predica más que tus palabras.
- 🕊️ **Evita la comparación.** No midas tu fe ni la suya; Dios trabaja distinto en cada corazón.
- 💬 **Habla sin acusar.** Expresa lo que sientes desde la vulnerabilidad, no desde la exigencia.
- 🏠 **Celebra los pequeños pasos.** Si un día ora, si pregunta por algo espiritual, si asiste contigo a un servicio… ¡Eso también es avance!

"El amor paciente es la semilla que Dios usa para germinar la fe en quien aún no ha creído por completo."

6. Cuando uno se cansa

También hubo momentos donde me cansé.

Donde pensé: "¿Hasta cuándo seguiré orando sola?"

Pero Dios me recordó que no estaba sola.

Él mismo caminaba conmigo en ese proceso.

A veces me preguntaba si valía la pena seguir insistiendo, y el Señor me habló claro:

"Tu constancia será el altar donde Yo me glorificaré."

Y así fue.

Con el tiempo, los roles se equilibraron, la fe se unió, y el amor se fortaleció.

No porque uno se convirtió en copia del otro, sino porque ambos encontramos a Dios en medio de nuestras diferencias.

7. Reflexión para el lector

Quizás tú estás viviendo algo similar:

Uno quiere servir, el otro no. Uno busca orar, el otro no entiende.

Y el enemigo quiere usar esa brecha para enfriar el amor.

Pero recuerda: **la fe no divide cuando el amor permanece.**

Ama aunque no entiendan tu fuego. Ora aunque parezca inútil.

Sirve con gozo, no con queja.

Y confía en que el mismo Dios que te transformó a ti, sabrá tocar el corazón de quien amas.

"El amor sin presión es la antesala de un milagro."

. . .

8. Oración final

Señor, gracias porque conoces los ritmos de nuestro corazón.

Ayúdanos a caminar juntos, aun cuando nuestras formas de buscarte no sean iguales.

Enséñanos a amarnos sin imponer, a guiarnos sin controlar, y a mantener la fe viva en medio de las diferencias.

Que nuestra relación sea testimonio de Tu paciencia y Tu poder.

Une nuestra fe, Señor, bajo Tu propósito eterno.

En el nombre de Jesús, amén.

Capítulo 6: La Verdad sobre la Sumisión

"*Las casadas estén sujetas a sus propios maridos, como al Señor.*" – *Efesios 5:22*

"*Maridos, amad a vuestras mujeres, así como Cristo amó a la iglesia y se entregó a sí mismo por ella.*" – *Efesios 5:25*

1. La palabra que muchos malinterpretan

Por años, la palabra *"sumisión"* ha sido usada como sinónimo de control, silencio o inferioridad.

Muchas mujeres —incluyéndome a mí— crecimos creyendo que debíamos callar, soportar y aceptar todo, en nombre de la obediencia bíblica.

Pero el Señor me enseñó que **la sumisión no se trata de ser menos, sino de confiar en el orden divino del amor.**

Dios no estableció la autoridad en el hogar para oprimir, sino para proteger; no para dominar, sino para guiar.

"Someterse no es perder voz, es aprender a confiar en el propósito de Dios para la familia."

2. DE LA IMPOSICIÓN AL ENTENDIMIENTO

En mis primeros años de matrimonio, confundí el someterme con dejar de ser.

Pensaba que no debía opinar, que debía aceptar toda decisión sin hablar.

Creía que eso era espiritual.

Pero esa "obediencia" me estaba robando la voz, la identidad y la alegría.

Un día, leyendo Efesios 5, el Espíritu Santo me detuvo en el verso 25:

"Maridos, amad a vuestras mujeres, así como Cristo amó a la iglesia y se entregó a sí mismo por ella."

Y entendí: **Dios nunca mandó al hombre a dominar, sino a amar hasta el sacrificio.**

Cuando el amor es real, la sumisión no duele, porque nace de la confianza.

. . .

3. El modelo de Cristo

Jesús no vino a imponer, vino a servir.

Y si el matrimonio refleja el amor entre Cristo y Su iglesia, entonces ambos —hombre y mujer— están llamados a una entrega mutua.

El hombre lidera amando.

La mujer se sujeta confiando.

Y ambos se rinden a Dios para que Él sea el centro.

"La autoridad sin amor es abuso.
La sumisión sin amor propio es esclavitud.
Pero cuando Cristo está en medio, la autoridad y la sumisión se vuelven adoración."

4. Fragmento de nuestro caminar

"Recuerdo cuando mi esposo me dijo: 'Tú nunca dejas que yo decida nada.'

Yo respondí con dureza: 'Porque siempre decido lo mejor.'

Pensaba que el control era sabiduría, pero en realidad era miedo.

Con el tiempo, Dios me enseñó a soltar.

A confiar que si yo lo ponía a Él primero, también pondría en mi esposo la dirección correcta.

Y comencé a ver algo hermoso: cuando aprendí a rendir el control, él empezó a asumir su rol con amor.

No porque yo lo exigiera, sino porque Dios lo transformó.

Hoy entiendo que **la sumisión es una semilla: cuando se siembra en fe, florece en amor.**"

5. Someterse mutuamente

Efesios 5:21 dice: *"Someteos unos a otros en el temor de Dios."*

Eso significa que la sumisión no es solo de la mujer hacia el hombre; es mutua, basada en respeto y propósito.

En un matrimonio saludable:

- Ella se sujeta porque confía.
- Él lidera porque ama.
- Y ambos escuchan la voz de Dios antes de tomarse de la suya.
- "Someterse mutuamente es decir: no quiero tener la razón, quiero tener paz."

6. Cómo vivir la sumisión con libertad

Algunos principios que Dios me enseñó para vivir la sumisión como un acto de amor, no de debilidad:

- 🙏 **Ora antes de reaccionar.** La oración te da sabiduría para hablar en amor, no en enojo.

- 💬 **Habla con respeto.** La sumisión no anula tu opinión, la viste de mansedumbre.
- 🧡 **Cede sin Rendirte**: No pierdes tu identidad al permitir que otro lidere; ganas descanso al confiar.
- 🕊️ **Anima en lugar de dirigir.** El aliento inspira más que la instrucción.
- 💎 **Reconoce el liderazgo del otro sin temor.** Cuando ambos se honran, el hogar se fortalece.

7. Reflexión para el lector

Si alguna vez te han enseñado que someterte es callar o desaparecer, quiero recordarte:

Dios no te creó para ser sombra, sino ayuda idónea.

Y ser ayuda no significa estar debajo, sino al lado.

El matrimonio no es una jerarquía de poder, sino una danza donde ambos aprenden a moverse al ritmo del amor de Dios.

Cuando uno ama y el otro confía, el cielo se refleja en la tierra.

"La sumisión verdadera no se impone, se inspira."

8. Oración final

Señor, gracias por enseñarnos el diseño perfecto del amor.

Ayúdanos a entender que la sumisión no es debilidad, sino fortaleza bajo Tu voluntad.
Que aprendamos a honrarnos mutuamente, a escucharnos, a ceder sin miedo y a liderar sin orgullo.
Que nuestros roles se unan bajo el mismo propósito: amarte y reflejarte.
Haz de nuestro hogar un ejemplo de equilibrio, respeto y gracia.
En el nombre de Jesús, amén.

🧡 Capítulo 7: Cumplir el Compromiso Hasta la Muerte

"*Por tanto, lo que Dios juntó, no lo separe el hombre.*" *– Mateo 19:6*

"*Las muchas aguas no podrán apagar el amor, ni lo ahogarán los ríos.*" *– Cantares 8:7*

1. El amor más allá de la promesa

Cuando dijimos "sí, acepto", no sabíamos realmente todo lo que eso significaba.

El altar parecía el final feliz, pero en realidad era **el inicio de un pacto que se pondría a prueba una y otra vez.**

Con el tiempo, entendimos que casarse es fácil; permanecer, no tanto.

El verdadero compromiso no se demuestra el día de la boda, sino en los días de silencio, cansancio o distancia.

Cumplir el compromiso "hasta la muerte" no significa vivir sin errores, sino **decidir no rendirse, aun cuando las heridas sean reales.**

"El amor no es un sentimiento constante, es una decisión continua."

2. Cuando el pacto se rompe

Hubo una etapa en la que la infidelidad y la desconfianza golpearon nuestra casa.

No fue sólo dolor físico o emocional — fue una herida espiritual.

La traición no destruye solo la confianza, sino la identidad.

Yo me sentía insuficiente; él se sentía indigno.

Ambos cargábamos con culpa y vergüenza.

Pero en ese abismo, Dios nos enseñó algo poderoso:

"Lo que se rompe en tus manos, puede ser restaurado en las mías."

El perdón no borró el pasado, pero abrió la puerta al futuro.

Dios no sólo restauró el matrimonio, restauró los corazones.

Nos enseñó que **el pacto no se cancela con el dolor, se renueva con la gracia.**

3. El poder de permanecer

El mundo dice: "Si no funciona, déjalo."

Pero Dios dice: "Permanece, porque en la permanencia revelo mi gloria."

Quedarse no siempre es fácil. Requiere morir al orgullo, a la venganza y a la necesidad de tener la razón.

A veces quedarse no es romanticismo, es obediencia.

Porque **cuando decides permanecer por amor y no por costumbre, Dios se manifiesta.**

"Permanecer no es aguantar, es confiar que Dios está obrando aunque no veas resultados."

4. Fragmento de nuestro caminar

"Después de la infidelidad, todo se volvió confuso.

Yo no sabía si podía mirar sus ojos sin recordar.

Él no sabía si merecía una segunda oportunidad.

Pero un día, en medio del llanto, decidimos entregarle todo a Dios.

No prometimos olvidar, prometimos sanar.

Y el proceso no fue inmediato.

Fueron años de reconstrucción, oración y verdad.

Pero hoy, cada vez que nos miramos, no vemos la herida, vemos el milagro.

Porque **Dios no sólo restauró el matrimonio, restauró nuestra fe.**"

5. La fidelidad como adoración

La fidelidad no es solo exclusividad física; es también emocional y espiritual.

Ser fiel es decidir amar cuando el otro no está en su mejor versión.

Es cubrir en lugar de exponer.

Es orar por quien te hirió, hasta que el amor de Dios sane lo que tus fuerzas no pueden.

"La fidelidad es la mayor forma de adoración dentro del matrimonio."

Ser fiel es reflejar el amor de Cristo: un amor que no abandona aunque sea traicionado, un amor que cree, espera y perdona.

6. Cómo mantenerse firmes en el pacto

Dios nos dio herramientas para no rendirnos, y hoy quiero compartirlas contigo:

- 🙏 **Ora juntos, incluso cuando estén en desacuerdo.** La oración une lo que la discusión divide.
- 💬 **Hablen con verdad, pero con ternura.** La sinceridad sin amor lastima; el amor sin sinceridad oculta.
- 💗 **Recuerden por qué comenzaron.** El pacto tiene poder cuando recuerdas el propósito que los unió.

- 🌱 **Perdona más de una vez.** El perdón no se da una vez; se practica cada día.
- 🍃 **No busques la perfección, busca la presencia.** Donde Dios habita, hay restauración.

7. Cuando amar duele

Dios nunca prometió matrimonios sin lágrimas, pero sí **prometió estar presente en medio del dolor.**

Cada crisis puede convertirse en una herramienta para fortalecer el carácter y el compromiso.

Cuando lloras delante de Dios por tu pareja, no estás siendo débil: estás sembrando intercesión.

A veces, amar duele... pero duele más rendirse cuando Dios todavía no ha terminado su obra.

"El amor maduro no huye del fuego, porque sabe que el fuego purifica."

8. Reflexión para el lector

¿Sientes que tu matrimonio está cansado, roto o en pausa?

Dios puede resucitar lo que creías muerto.

El mismo poder que restauró tu fe puede restaurar tu relación.

No se trata de volver al pasado, sino de construir algo nuevo sobre cimientos de verdad.

Si uno de los dos todavía cree, **aún hay esperanza.**

"Cuando el amor humano se acaba, el amor divino comienza."

9. Oración final

*Señor, gracias porque el matrimonio es un reflejo
 de Tu pacto eterno.
Perdónanos por las veces que quisimos rendirnos
 o caminar sin Ti.
Danos fuerzas para permanecer cuando el amor
 humano se debilite.
Restaura lo que el dolor dañó y renueva en
 nosotros el deseo de cumplir el compromiso
 hasta la muerte.
Que nuestro matrimonio sea un testimonio de
 perdón, fidelidad y amor redimido.
En el nombre de Jesús, amén.*

💖 Capítulo 8: El Amor Que No Se Rinde

"*El amor todo lo sufre, todo lo cree, todo lo espera, todo lo soporta. El amor nunca deja de ser.*" – 1 Corintios 13:7–8

1. Cuando amar se convierte en decisión

El amor que permanece no es el que nunca enfrenta tormentas, sino el que aprende a resistirlas tomado de la mano de Dios.

Hay días en que el amor no se siente como mariposas, sino como lucha.

Hay días en que no se elige desde la emoción, sino desde el pacto.

Porque el amor, cuando es real, **no se rinde por cansancio; se fortalece con propósito.**

"El amor que viene de Dios no es frágil; se quiebra, pero no se destruye."

2. Lo que el tiempo no destruyó

Han pasado años desde aquel "sí, acepto".

Entre risas, lágrimas, reconciliaciones y silencios, comprendimos que la verdadera historia no es la que se cuenta en el altar, sino la que se escribe con cada decisión diaria.

Aprendimos que la rutina no apaga el amor, sino la falta de gratitud.

Que los desacuerdos no dividen cuando el respeto es más grande que el orgullo.

Y que **los matrimonios que perduran no son los que nunca pelean, sino los que nunca dejan de perdonarse.**

"No somos los mismos que comenzaron, pero seguimos siendo los dos que no se rindieron."

3. La gracia que sostiene

Si hoy estamos juntos, no es por perfección ni suerte.

Es por **gracia.**

Gracia que levantó lo que el error derrumbó.

Gracia que cubrió la vergüenza y trajo restauración.

Gracia que nos enseñó a volvernos a mirar sin miedo.

"El amor humano se cansa, pero la gracia de Dios siempre renueva las fuerzas."

Cada vez que quisimos rendirnos, la voz del Espíritu Santo nos recordaba:

"Ustedes no son el resultado de un error, sino de un propósito."

Y ahí, entre lágrimas, entendimos que no se trataba solo de nosotros, sino del testimonio que Dios quería mostrar a otros a través de nuestro matrimonio.

4. Fragmento de nuestro caminar

"Hubo días en que dormíamos en silencio, sin hablarnos, sin saber cómo reparar lo que nos distanciaba.

Pero siempre, antes de dormir, yo oraba en mi mente: 'Señor, no permitas que terminemos lo que Tú comenzaste.'

Y Él, en Su fidelidad, nos devolvía la paz poco a poco.

Hoy miro atrás y veo cuántas veces la gracia nos abrazó cuando el orgullo quiso separarnos.

Entendí que amar no es fácil, pero vale la pena cuando Dios es el centro."

5. El amor que aprende a empezar de nuevo

Cada temporada del matrimonio trae su propio desafío.

Los primeros años exigen paciencia; los del medio, compromiso; y los últimos, ternura.

Pero en todas, la clave es la misma: **volver a empezar.**

Volver a decir "te amo" cuando no lo sientes.

Volver a abrazar cuando el ego duele.
Volver a orar juntos cuando el cansancio pesa.
Volver a creer en lo que Dios ya prometió.
"El amor que no se rinde no ignora las heridas; las sana con fe."

6. Amar como Cristo ama
El amor que no se rinde no es romántico, es redentor.
Ama cuando el otro no puede corresponder.
Ora cuando el otro no cree.
Perdona cuando el otro aún no entiende.
Ese es el amor de Cristo — el que **no abandona, no acusa, no se cansa.**
Y ese es el amor que puede sostener cualquier matrimonio que decide poner a Dios en el centro.
"Cuando Cristo es el cimiento, ni las diferencias, ni los errores, ni el tiempo logran derribar la unión."

7. Reflexión para el lector
Si estás leyendo esto y sientes que tu amor se está debilitando, recuerda:
Dios no te llama a rendirte, te llama a confiar.
Tal vez no puedas cambiar el pasado, pero puedes **construir un nuevo futuro** con los mismos cimientos que un día prometiste cuidar.

El amor no siempre grita, a veces susurra: *"Sigo aquí."*
Y cuando ambos eligen quedarse, aun sin entenderlo todo,
ahí el cielo sonríe.
"No hay amor perfecto, pero sí hay amor perseverante; y ese, Dios lo corona con victoria."

8. Oración final

Señor, gracias por enseñarnos que el amor no se rinde.
Gracias por la paciencia, el perdón y la gracia que sostiene cada matrimonio que te pone en el centro.
Renueva las fuerzas de quienes están cansados, sana las heridas de quienes han sido traicionados,
y devuelve la esperanza a quienes sienten que ya no hay salida.
Enséñanos a amar como Tú amas: sin condiciones, sin orgullo, sin rendición.
Que cada pareja que lea estas palabras recuerde que el pacto que Tú bendices, Tú también lo restauras.
En el nombre de Jesús, amén.

💔 Capítulo 9: ¿Será el divorcio la solución?

※❦※

"**P**orque yo aborrezco el divorcio —dice Jehová, Dios de Israel— y al que cubre de violencia su vestido, dice Jehová de los ejércitos." – Malaquías 2:16

"El Señor está cerca de los quebrantados de corazón." – Salmo 34:18

1. Cuando el corazón ya no puede más

Hay momentos en la vida matrimonial donde el alma se cansa.

No por falta de amor, sino por exceso de heridas.

Cuando ya has orado, hablado, perdonado, esperado… y parece que nada cambia.

Ahí, en ese punto, muchos se preguntan:

"¿Será el divorcio la única salida?"

Yo también estuve en ese punto.

Pensé que separarnos sería más fácil que seguir intentándolo.

Tenía el corazón roto, la fe temblando y la voz de la razón diciéndome que era hora de soltar.

Pero fue entonces cuando el Espíritu Santo me habló con ternura y poder:

"Yo no te llamé a sufrir, te llamé a sanar.
Pero antes de decidir, déjame entrar."

2. Dios no aprueba el abuso, aprueba la restauración

Este tema necesita ser hablado con verdad.

Dios no se agrada del divorcio, pero **tampoco se agrada del abuso, la violencia o la manipulación emocional.**

Él nunca pidió que una mujer —ni un hombre— soportara golpes, humillación o maltrato en nombre del "pacto".

Hay una gran diferencia entre *"aguantar por amor"* y *"esperar en Dios con propósito."*

Dios no te pide quedarte en un lugar donde tu alma muere cada día.

Él te pide buscar su dirección para saber si ese matrimonio aún tiene esperanza o si es momento de sanar con distancia.

"Dios no quiere verte destruido por mantener una imagen, sino restaurado para cumplir tu propósito."

. . .

3. Cuando el divorcio parece más fácil

Divorciarse parece traer alivio inmediato, pero también deja vacíos profundos.

Las noches se llenan de recuerdos, las oraciones se vuelven preguntas, y el alma se enfrenta al eco del "¿y si hubiera esperado un poco más?"

Por eso, antes de decidir, **hay que hacer silencio ante Dios.**

Él no siempre responde con un "quédate" o un "vete", pero siempre responde con paz.

"La voluntad de Dios nunca traerá confusión; puede doler, pero siempre traerá dirección."

4. Fragmento de nuestro caminar

"Hubo un momento en que pensé que no podríamos continuar.

Los errores, las heridas, las palabras que ya no sabíamos cómo sanar… todo parecía perdido.

Y oré, no para que Dios lo cambiara, sino para que me mostrara qué hacer.

En ese proceso, Dios no me habló de separarme, sino de sanar primero mi corazón.

Me mostró que mientras mi alma cargara enojo, cualquier decisión sería guiada por el dolor, no por el propósito.

Y poco a poco, cuando empecé a sanar, también él comenzó a cambiar.

A veces Dios no restaura la relación porque quiere primero restaurarte a ti."

5. Si me divorcio, ¿podré seguir mi llamado?

Esta es una de las preguntas más dolorosas que muchos líderes, mujeres y hombres de fe se hacen.

Y la respuesta es sí — **Dios no cancela llamados, sana corazones.**

El divorcio no te descalifica del propósito, pero sí deja heridas que necesitan ser tratadas antes de servir.

No puedes ministrar con una herida abierta, pero puedes hacerlo con una cicatriz sana.

Tu historia no termina en el divorcio; puede comenzar ahí una nueva temporada de dependencia total en Dios.

"El llamado no depende de tu estado civil, sino de tu disposición a obedecer."

Si hubo separación por abandono, infidelidad o violencia, **Dios sigue siendo tu restaurador.**

Su gracia no se interrumpe; solo te invita a sanar, aprender y servir desde un corazón humilde.

6. Hasta cuándo debo aguantar

Esta pregunta no tiene una sola respuesta.

Cada historia, cada matrimonio, cada herida es diferente.

Pero hay señales claras que te ayudarán a discernir si debes permanecer o hacer una pausa:

- 🕊 **Permanece** cuando hay arrepentimiento, esfuerzo mutuo y dirección espiritual.
- 🚫 **Haz una pausa o aléjate** cuando hay violencia, manipulación, abuso o pecado constante sin deseo de cambio.
- 🙏 **Ora siempre** para que tu decisión sea guiada por paz y no por resentimiento.

"*Aguantar sin propósito destruye, pero esperar con fe transforma.*"

Dios no te pide soportar el maltrato; te pide **esperar en Su tiempo** para sanar y ver Su dirección.

Y a veces, parte de ese proceso incluye separación temporal para que ambos puedan encontrarse con Él individualmente.

7. La esperanza después del quebranto

No todos los matrimonios terminan restaurados, pero **todas las personas pueden ser restauradas.**

Dios puede tomar tus cenizas y convertirlas en testimonio. Puede sanar tu corazón, limpiar tu nombre y usarte con mayor autoridad, porque los que fueron rotos entienden cómo ministrar al roto.

"Tu historia no termina en el divorcio; puede ser el inicio de tu ministerio de restauración."

8. Reflexión para el lector

Si estás considerando el divorcio hoy, no tomes la decisión en medio del enojo ni del miedo.

Corre a Dios antes que al abogado.

Habla con un pastor o consejero espiritual maduro, alguien que te guíe con amor y sin juicio.

Y pregúntale al Señor:

"¿Quieres restaurar este matrimonio o quieres restaurarme a mí?"

Sea cual sea la respuesta, confía: **Él no te soltará.**

9. Oración final

Señor, Tú conoces las lágrimas que nadie ve, los silencios que duelen y las batallas que se libran en el corazón.
Hoy te pido por cada persona que se siente al borde del divorcio.
Entra en su hogar, entra en su mente, entra en su herida.

Si es Tu voluntad restaurar, hazlo con poder.
Si es Tu voluntad sanar a cada uno por separado, hazlo con misericordia.
Pero en todo, que se cumpla Tu propósito y se revele Tu amor.
*Sana, restaura, y recuerda a cada alma que **el amor que viene de Ti nunca se rinde, pero tampoco se pierde: se transforma.***
En el nombre de Jesús, amén.

🌹 **Nota final del capítulo:**

"El divorcio no es el final del llamado, es el comienzo de la sanidad.

Dios no te juzga por tu pasado, sino que te invita a escribir tu futuro de Su mano."

🌺 Capítulo 10: Renovar el Amor, Avivar la Llama

"**A**cuérdate, por tanto, de dónde has caído, y arrepiéntete, y haz las primeras obras." – Apocalipsis 2:5

"Todo lo que hagáis, hacedlo con amor." – 1 Corintios 16:14

1. El amor no se muere, se descuida

Muchos matrimonios no fracasan por falta de amor, sino por falta de atención.

Las responsabilidades, los hijos, el trabajo, el ministerio… todo consume energía, y sin darnos cuenta, **dejamos de mirar al compañero de vida con los ojos del principio.**

Comenzamos orando juntos, y terminamos solo compartiendo la agenda.

Nos decimos "Dios te bendiga" más que "te amo".

Y confundimos estabilidad con rutina.

Pero Dios no quiere matrimonios funcionales; quiere **matrimonios vivos.**

Donde la fe no reemplace la ternura, y donde la santidad no apague la alegría.

"El amor no muere, se adormece. Y todo lo que duerme, con cuidado y fe, puede despertar."

2. VOLVER A ENAMORARSE DEL MISMO CORAZÓN

Amar a la misma persona después de los años, las pruebas y los cambios es un milagro diario.

No es repetir el pasado, es construir un presente nuevo con la misma promesa.

A veces no necesitamos una nueva pareja, solo **nuevas versiones de nosotros mismos.**

Versiones más maduras, más conscientes, más agradecidas.

Y eso se logra cuando dejamos que el Espíritu Santo renueve nuestra mente y nuestro afecto.

"Cada día puedo elegir mirarte como la primera vez, o tratarte como la costumbre. El amor florece donde hay elección."

3. CUIDAR LO QUE SE AMA

Aun siendo cristianos, no debemos descuidar lo que nos une.

La fe nos enseña a cuidar el alma, pero también el cuerpo, el detalle, la alegría, la conexión.

No es vanidad cuidar tu apariencia:

💄 Es amor propio.

💅 Es respeto mutuo.

💐 Es decirle a tu pareja: "todavía me importas."

Dios no se ofende cuando una esposa se arregla para su esposo, o cuando un esposo prepara una cita especial.

Él se alegra porque **celebrar el amor también glorifica al Creador del amor.**

"Cuidar la apariencia no es orgullo; es honra hacia quien camina contigo."

4. Sugerencias para avivar la relación

Aquí algunas ideas sencillas, pero poderosas, para mantener viva la llama del amor:

- 🌹 **Oren juntos, pero también rían juntos.** La oración une el espíritu, y la risa une el alma.
- 💌 **Dejen notas o mensajes inesperados.** No todo lo romántico quedó en el noviazgo.
- 📷 **Tengan una cita mensual.** Sin hijos, sin teléfonos, sin temas de iglesia. Solo ustedes.
- 💬 **Pregúntese cómo se sienten.** No solo "¿cómo te fue?", sino "¿cómo estás por dentro?".

- 💌 **Hagan algo nuevo juntos.** Cocinar, viajar, servir en algo distinto. Las experiencias renuevan la conexión.
- 💖 **Cuídense físicamente.** Ejercicio, descanso, salud… no solo por estética, sino por bienestar y vitalidad.
- 👰 **Recuerden su historia.** Vuelvan a lugares donde se enamoraron; reafirmen por qué dijeron "sí".

"El amor no se apaga cuando se apagan las velas, sino cuando se apagan los detalles."

5. Fragmento de nuestro caminar

"Hubo una etapa en la que estábamos tan enfocados en servir, trabajar y criar, que sin darnos cuenta nos volvimos compañeros de ministerio más que pareja.

Un día, mientras preparaba un mensaje, él me dijo: '¿Te acuerdas cuando me esperabas con café solo para hablar?'

Esa noche lo hice. Sin prédicas, sin planificación, sin agendas. Solo nosotros.

Reímos, recordamos, soñamos. Y descubrimos que **la llama no se había apagado; solo necesitaba oxígeno.**"

. . .

6. La fe también se vive con ternura

A veces creemos que ser cristianos es ser serios, pero el amor fue idea de Dios, y Él es un Dios de detalles.

Él nos creó con emociones, ternura y deseo de conexión.

Por eso, cuidar el romance dentro del matrimonio no es carnalidad, es santidad emocional.

"La presencia de Dios no reemplaza la conexión humana, la fortalece."

Un beso con amor, una palabra dulce, una mirada tierna... también son ministerios.

Porque reflejan el amor de Cristo, ese amor que todo lo cubre, todo lo cree, todo lo espera y todo lo soporta.

7. Consejos para sostener la esperanza

Cuando la rutina te cansa, recuerda:

- La monotonía no se vence con quejas, sino con creatividad.
- La frialdad no se rompe con reproches, sino con ternura.
- La distancia no se acorta con presión, sino con intención.

Dios no pide matrimonios perfectos, sino **corazones dispuestos a seguir aprendiendo a amar.**
"El amor no se envejece, solo se transforma."

8. Reflexión para el lector

Hoy, toma un momento para mirarte y preguntarte:

¿Estoy cuidando la relación que Dios me dio?

¿Estoy invirtiendo en el amor que un día pedí en oración?

Y si la respuesta es no, ¡no es tarde para empezar!

Nunca es tarde para volver a mirarse, volver a enamorarse, volver a orar juntos y volver a soñar.

Porque mientras haya fe, **todavía hay fuego.**

"El amor no muere de viejo, muere de abandono. Y el Espíritu Santo sabe cómo resucitar lo que parecía perdido."

9. Oración final

Señor, gracias por el regalo del amor.
Enséñanos a cuidar lo que Tú nos diste.
Aviva la pasión, la ternura, la conexión y el respeto.
Que aprendamos a vernos con los ojos del principio,
pero con la madurez del proceso.

*Que nuestro matrimonio sea testimonio de
  alegría, fe y belleza.
Y que cada día, en cuerpo, alma y espíritu,
  reflejemos Tu amor.
En el nombre de Jesús, amén.*

🌹 **Nota final del capítulo:**

"Dios no solo quiere matrimonios fieles, quiere matrimonios felices.

Donde la fe no reemplace la risa, ni la rutina reemplace el amor."

Capítulo 11: Historias que Hablan: Testimonios de Amor, Ruptura y Restauración

❦

"*Y ellos le han vencido por medio de la sangre del Cordero y de la palabra del testimonio.*" – *Apocalipsis 12:11*

HISTORIAS REALES DE FE Y PERSEVERANCIA

Cada matrimonio es un libro distinto.

Algunos capítulos se escriben con risas y otros con lágrimas.

Hay páginas marcadas por promesas y otras por silencios.

Pero todos, sin excepción, contienen algo en común: **la huella de un Dios que no deja de escribir.**

Cuando inicié este proyecto, sabía que no quería un libro lleno solo de teoría o enseñanza.

Quería un libro que respirara vida, que mostrará el proceso

real de amar: el esfuerzo, el perdón, la espera, la caída, la redención y la gracia.

Porque la vida matrimonial no se vive en blanco y negro; está llena de matices, estaciones y milagros cotidianos.

En este capítulo se recogen **historias verdaderas** de matrimonios que pasaron por fuego, lágrimas y decisiones difíciles.

Algunos vieron restauración total.

Otros aprendieron a sanar y seguir por caminos distintos.

Y todos descubrieron que **Dios no solo une historias, también redime las que parecían rotas.**

Mi deseo es que al leerlas no te compares, sino que te reconozcas.

Que recuerdes que si hoy estás luchando, **no estás solo.**

Y si tu historia terminó diferente, aún hay gracia y propósito para ti.

Cada testimonio aquí representa **un milagro**, porque el simple hecho de seguir creyendo en el amor después del dolor… ya es un milagro.

"El testimonio no es una historia de derrota o de victoria,

es la evidencia de un Dios que nunca se va, aunque todo cambie."

Si este libro te ha hablado, si Dios ha hecho algo en tu vida matrimonial,

quiero invitarte a compartirlo conmigo y con otros.

Tus palabras pueden ser la chispa que encienda esperanza en alguien más.

📩 Puedes escribir tu testimonio para futuras ediciones o eventos matrimoniales a:

📧 **contacto email: airamisabel05@gmail.com**

o a través de nuestras redes bajo la Iglesia **El Legado / María Isabel.**

Juntos seguiremos mostrando al mundo que, aunque dos no siempre caminen de acuerdo,

cuando Dios está en medio, **ningún amor está perdido.**

1. Porque cada historia importa

No todos los matrimonios se ven iguales.

Algunos se restauran completamente.

Otros se transforman a través del perdón.

Y otros terminan, pero el alma sigue viva en Dios.

A veces, hablar de matrimonio en la iglesia se centra solo en los finales felices.

Pero el Reino también está lleno de **personas reales**, con heridas, procesos, retrocesos y milagros.

Este capítulo recoge historias de matrimonios que, de una forma u otra, **descubrieron que el amor de Dios siempre tiene la última palabra.**

💗 **Testimonio 1: "De ruina a restauración"**

"Nos casamos sin entender lo que era amar con propósito. Vivíamos peleando, discutiendo y culpándonos. Cuando

descubrí su infidelidad, pensé que todo había terminado. Pero un día, en medio de mi llanto, Dios me dijo: 'Yo puedo sanar lo que tú no puedes tocar.'

Fue un proceso largo. Hubo distancia, terapia y mucha oración. No lo perdoné en un día, pero el Señor me enseñó que el perdón es un viaje, no un evento. Hoy, después de siete años, servimos juntos en el ministerio. No somos perfectos, pero somos libres. Dios no sólo restauró nuestro matrimonio, restauró nuestro propósito."

💔 **Lección:** Dios no promete matrimonios sin heridas, pero sí corazones dispuestos a sanar.

💔 Testimonio 2: "El divorcio no fue el final"

"Pensé que perder mi matrimonio era perder mi llamado. Me divorcié después de 15 años. Había sido infidelidad, frialdad, y años de indiferencia. Oré por restauración, pero él nunca quiso. Lloré, me culpé y creí que Dios ya no podría usarme.

Pero el Señor me levantó. En medio de la soledad, descubrí que el amor de Dios no se va aunque las personas se vayan. Me devolvió el propósito. Hoy sirvo ayudando a mujeres que viven procesos similares. No promuevo el divorcio, pero testifico que **Dios también sana después del divorcio.**

🌿 **Lección:** La historia no termina donde alguien se va; Dios puede comenzar algo nuevo desde tus cenizas.

· · ·

🔥 **Testimonio 3: "Separados para sanar"**

"Llegamos a un punto en que ya no podíamos hablarnos sin discutir. Decidimos separarnos temporalmente. Fue doloroso, pero necesario. En ese tiempo, Dios trató con los dos. Yo aprendí a no controlarlo; él aprendió a valorar lo que descuidó. Un año después, nos reencontramos y lloramos al ver que Dios nos había cambiado, no solo unido.

Hoy seguimos juntos, pero diferentes: menos orgullosos, más sabios, más agradecidos."

💡 **Lección:** A veces la distancia no destruye, sana. Lo importante es permitir que Dios trabaje en cada uno antes de intentar otra vez.

💬 **Testimonio 4: "Una nueva oportunidad"**

"Me casé siendo creyente, pero él no lo era. Siempre me sentí sola espiritualmente. Oré años para que conociera al Señor. Y un día, sin esperarlo, llegó a la iglesia y se entregó a Cristo. No cambió de inmediato, pero comenzó a amar diferente.

Hoy somos líderes de matrimonios. Nuestro pasado fue doloroso, pero nuestro presente es testimonio de que Dios escucha las oraciones persistentes."

🙏 **Lección:** Nunca subestimes el poder de una esposa o un esposo que ora sin rendirse.

. . .

🌧️ **Testimonio 5: "Aprendí a soltar con amor"**

"Yo quería restaurar mi matrimonio, pero él decidió irse. Me dolió, pero aprendí a perdonarlo sin tenerlo cerca. Dios me enseñó que el amor no siempre se manifiesta quedándose; a veces se demuestra dejando ir sin rencor.

Hoy, años después, tengo paz. Estoy sola, pero completa. Porque la fidelidad de Dios llenó el lugar que antes ocupaba el dolor."

💗 **Lección:** Hay matrimonios que terminan, pero hay almas que sanan y se levantan más fuertes.

✨ **6. Una verdad para todos**

Estas historias no son para juzgar ni comparar, sino para recordar que **Dios está presente en todos los finales y en todos los comienzos.**

Algunos matrimonios se restauran, otros no.

Algunos vuelven a enamorarse, otros encuentran propósito en la soledad.

Pero todos pueden encontrar **redención** si dejan que Dios sea el autor.

"El amor no siempre tiene la forma que soñamos,
pero siempre tiene la huella de Aquel que nunca deja de amar."

🙏 **Oración final del capítulo**

> *Señor, gracias por cada historia, por cada matrimonio que sobrevivió, por cada alma que aprendió a sanar.*
> *Gracias porque no hay proceso que Tú no redimas, ni herida que Tu amor no pueda usar.*
> *Te pedimos por cada pareja que hoy lucha, que aún ama, que aún espera.*
> *Que vean Tu mano en medio del proceso y Tu propósito más allá del dolor.*
> *Y si alguno tuvo que soltar, que encuentre en Ti la paz, no la culpa.*
> *Porque Tú eres Dios de restauración, y cada historia, en Tus manos, tiene sentido.*
> *En el nombre de Jesús, amén.*

🌹 **Nota final del capítulo:**

"El amor se manifiesta en muchas formas: en quedarse, en volver, en perdonar o en comenzar de nuevo.

Pero en todas, Dios sigue siendo el centro.

Porque el amor verdadero nunca se pierde: solo cambia de estación."

🙏 Epílogo: Una Conversación con Dios

"*Jehová cumplirá su propósito en mí; tu misericordia, oh Jehová, es para siempre.*" – Salmos 138:8

UNA CONVERSACIÓN ENTRE EL ALMA Y SU CREADOR
Señor…
Tú sabes cuántas veces quise soltar.
Cuántas veces el cansancio habló más fuerte que el amor,
y la rutina apagó los colores de lo que un día fue promesa.
Tú viste mis lágrimas en noches donde nadie entendía,
y escuchaste mis oraciones cuando mi corazón ya no tenía palabras.
No siempre supe amar bien.
A veces herí con mi silencio y otras con mi voz.

Pero aun en medio de mis errores,

Tú me enseñaste que **el amor no depende de la perfección, sino de la presencia.**

El amor que aprendí contigo

Hoy miro atrás y veo que cada prueba fue un altar.

Cada discusión, una oportunidad de crecer.

Cada reconciliación, una señal de Tu misericordia.

Aprendí que amar no siempre es fácil,

pero siempre vale la pena cuando Tú estás en medio.

Aprendí que perdonar no es olvidar,

es liberar al otro y a mí misma.

Aprendí que caminar juntos no significa pensar igual,

sino mirar en la misma dirección: hacia Ti.

Cuando el amor se vuelve oración

Hay amores que se gritan,

otros que se callan,

pero el nuestro se convirtió en oración.

Oración cuando el orgullo quiso separarnos.

Oración cuando la fe fue lo único que nos mantuvo de pie.

Oración cuando el "te amo" ya no bastaba,

y solo Tu presencia podía unir lo que el dolor había desgastado.

"El amor humano se agota,

pero el amor que nace en el altar del quebranto se vuelve eterno."

Renovando el pacto contigo
Hoy te entrego otra vez mi matrimonio.
Te entrego mis palabras, mis silencios, mis anhelos y mis miedos.
No quiero un hogar perfecto,
quiero un hogar con propósito.
Quiero amar con madurez,
servir con alegría,
perdonar con gracia,
y construir cada día desde Tu verdad.
Haz de nuestra historia una carta viva de Tu fidelidad.
Que otros vean en nuestras cicatrices el poder de Tu restauración.
Y que cada lector que llegue al final de este libro
sienta el impulso de volver a amar, volver a intentar, y volver a creer.

Una oración para los matrimonios
Señor, toca cada corazón que ha leído estas páginas.
Renueva el amor dormido, sana el que fue herido,
y fortalece el que aún sigue luchando.
Que ninguna palabra de este libro quede solo en la mente,

sino que se convierta en transformación en el corazón.

Enséñales a no rendirse fácilmente,

a no comparar su historia con la de otros,

y a recordar que los mejores matrimonios no son los que nunca se equivocan,

sino los que te invitan cada día a ser el tercero en el pacto.

"El amor no se termina, se madura.

Y cuando madura en Tu presencia, florece para siempre."

Palabras finales

Si este libro llega a tus manos, no es casualidad.

Es una carta de esperanza para los que creían que su historia había terminado.

Dios te dice hoy:

"No se trata de comenzar de nuevo con alguien distinto,

sino de dejar que Yo haga algo nuevo en ustedes."

Permite que Su gracia sane lo que tu fuerza no pudo.

Permite que Su amor reconstruya lo que tus lágrimas no lograron.

Y sobre todo… **permite que Él sea el centro, siempre.**

Porque cuando Dios está en medio,

aunque dos caminen sin estar de acuerdo,

nunca caminan solos.

. . .

🌿 Fin del libro: "Caminar Juntos Aun Sin Estar de Acuerdo"

Por *María Isabel Rodríguez*

"No somos el matrimonio perfecto, pero sí uno que decidió no rendirse.

Y mientras haya fe, esperanza y amor, seguiremos caminando… juntos."

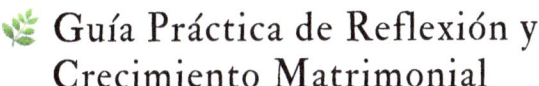
Guía Práctica de Reflexión y Crecimiento Matrimonial

"Y sobre todas estas cosas vestíos de amor, que es el vínculo perfecto." – Colosenses 3:14

1. Reencontrándonos en el Camino

Objetivo: Reconocer el punto actual de la relación y abrir el diálogo desde la honestidad.

Reflexión:

- ¿En qué etapa de nuestro matrimonio estamos hoy: reconstrucción, crecimiento o renovación?
- ¿Qué cosas han cambiado en nosotros desde que comenzamos?
- ¿Qué parte de mi pareja admiro, pero no se lo he dicho últimamente?

Ejercicio:

Tomen 15 minutos para hablar sin interrupciones.

Uno habla, el otro escucha. Luego cambian.

Terminen con un abrazo y una oración agradeciendo por el simple hecho de seguir caminando juntos.

💬 *"A veces no hace falta resolver, solo escuchar con amor."*

💗 2. Comunicación con propósito

Objetivo: Mejorar la forma de hablar y entenderse mutuamente.

Preguntas para reflexionar:

- ¿Cómo reaccionó cuando no estoy de acuerdo?
- ¿Escucho para entender o para responder?
- ¿Qué frases uso que podrían herir sin intención?

Actividad:

Durante una semana, hagan un compromiso:

👉 No discutir para ganar.
   👉 No usar el pasado como arma.
   👉 No hablar cuando estén enojados.
   👉 Sí orar antes de responder.

Versículo guía:

"Sea vuestra palabra siempre con gracia, sazonada con sal." – Colosenses 4:6

🔥 3. Avivando la llama

Objetivo: Recuperar la conexión emocional, espiritual y física.

Sugerencias:

- Planeen una cita mensual donde no se hable de trabajo, hijos ni iglesia.
- Intercambien cartas o notas con tres razones por las cuales se agradecen mutuamente.
- Recuperen un hábito romántico que dejaron en el pasado (una canción, una comida especial, una oración antes de dormir juntos).

Ejercicio espiritual:

Durante siete días, oren tomados de la mano, aun si no tienen palabras.

La conexión espiritual abre la puerta a la emocional.

💡 *Recuerden: la pasión no se apaga con los años, se transforma en ternura, confianza y complicidad.*

🌸 4. Sanando el corazón

Objetivo: Trabajar el perdón, las heridas y los resentimientos no resueltos.

Preguntas para ambos:

- ¿Hay algo que todavía duele, aunque no lo diga?
- He perdonado de palabra o de corazón?
- ¿Qué puedo hacer para sanar y no volver a herir?

Ejercicio:

Escriban cada uno una carta comenzando con la frase: "Perdóname por…" y luego otra con: "Gracias por…"

Léanlas en voz alta o, si es muy difícil, preséntenlas a Dios en oración y déjenlas en Su altar.

Versículo guía:

"Soportaos unos a otros, y perdonaos unos a otros, si alguno tuviere queja contra otro; de la manera que Cristo os perdonó." – Colosenses 3:13

5. Caminando con Dios

Objetivo: Colocar nuevamente a Dios como centro y guía de la relación.

Prácticas recomendadas:

- Oren juntos al comenzar y terminar el día.
- Lean un capítulo de Proverbios cada noche y conversen sobre una enseñanza práctica.
- Escojan un día al mes para ayunar y presentar su matrimonio a Dios.

- Sirvan juntos en algo, aunque sea pequeño: visitar, dar, apoyar… servir une los corazones.

"El matrimonio no se fortalece solo en los altares, sino en los actos de amor cotidiano."

6. Propósito y visión familiar

Objetivo: Redefinir metas, sueños y propósitos en común.
Preguntas clave:

- ¿Cuál es nuestra misión como matrimonio?
- ¿Qué legado queremos dejar a nuestros hijos o generaciones futuras?
- ¿Qué proyectos podemos emprender juntos para glorificar a Dios?

Actividad:

Hagan una *"Declaración de propósito familiar"* y escríbanla en una cartulina o cuaderno.

Incluyan sus valores, su visión y una frase bíblica que los represente.

Ejemplo:

"Como familia, serviremos a Dios con alegría, cuidaremos nuestro amor con intención y viviremos con propósito, creyendo que lo mejor está por venir."

💗 7. Cuidar el templo y el alma

Objetivo: Recordar que el bienestar físico, emocional y espiritual van de la mano.

Consejos prácticos:

- Cuida tu salud: descanso, ejercicio, alimentación.
- Cuida tu apariencia: no por vanidad, sino por respeto y amor propio.
- Cuida tu mente: evita conversaciones y ambientes que destruyan la paz.
- Cuida tu fe: alimenta tu espíritu con Palabra, no solo con actividades.

Reflexión:

"Cuando te sientes bien contigo mismo, también puedes amar mejor a quien tienes al lado."

🌷 8. Diario de gratitud en pareja

Objetivo: Practicar la gratitud como un hábito que renueva la relación.

Actividad:

Durante 30 días, anoten tres cosas diarias por las que están agradecidos del otro.

Pueden ser pequeñas: una sonrisa, una palabra amable, una ayuda.

Lean esas notas juntos al final del mes y oren dando gracias.

"La gratitud no cambia las circunstancias, cambia el corazón que las vive."

🙏 9. Oración final de compromiso

> *Señor, hoy decidimos cuidar el amor que nos confiaste.*
> *Queremos caminar juntos, no solo en los días fáciles, sino también en los de prueba.*
> *Enséñanos a amarnos con paciencia, a perdonarnos con ternura y a servirnos con gozo.*
> *Que nuestro matrimonio sea un reflejo vivo de Tu fidelidad.*
> *Danos sabiduría, pasión, fe y propósito.*
> *Y que nunca olvidemos que, si Tú estás en medio, nada puede separarnos.*
> *En el nombre de Jesús, amén.*

🌿 Cierre de la Guía:

"Amar no es suerte, es disciplina.

Y cuando el amor se nutre con fe, paciencia y propósito, florece una y otra vez."

🌷 Agradecimientos

Este libro no nació de la teoría, sino del camino.

De noches de lágrimas, de oraciones sinceras, de silencios que se convirtieron en lecciones,

y de un amor que decidió seguir creyendo en Dios aun cuando el cansancio decía lo contrario.

A mi amado esposo, **Osvaldo**,

gracias por ser mi compañero en cada estación de la vida,

por amarme en mis fortalezas y abrazarme en mis debilidades.

Por enseñarme que el amor no se trata de ganar, sino de permanecer.

Este libro también es tuyo, porque fue escrito con el eco de nuestras batallas y victorias compartidas.

A mis hijos, **Osvaldo Xavier, Yenismary y Yariel**,

por ser inspiración, legado y razón para no rendirme.

Ustedes me recuerdan que todo sacrificio tiene propósito,

y que los hijos también sanan cuando los padres aprenden a amarse con verdad.

A mi **familia espiritual y ministerial** de *Iglesia El Legado*, gracias por creer, orar, servir y caminar conmigo.

Cada palabra de aliento, cada abrazo, cada testimonio compartido

fue semilla que germinó en las páginas de este libro.

Ustedes son parte de este mensaje de fe y restauración.

A los matrimonios que me permitieron escuchar sus historias — las que sanaron, las que aún esperan y las que aprendieron a seguir — gracias por abrir su corazón.

Sus testimonios se convirtieron en espejos donde muchos podrán verse reflejados y encontrar esperanza.

Y sobre todo,

a Dios, el autor de cada historia de amor, incluso las que parecen interrumpidas.

Gracias, Señor, porque me enseñaste que la fidelidad no se mide por los años juntos,

sino por la capacidad de amarte aun en medio del proceso.

Gracias porque cada herida fue una escuela, cada lágrima un versículo vivo,

y cada reconciliación es una muestra de Tu gracia inagotable.

🌿 Cierre editorial

Este libro no busca exponer, sino sanar.

No pretende enseñar desde la perfección, sino desde la verdad.

Y si al leerlo has sentido que Dios habló a tu corazón, entonces valió la pena cada palabra escrita.

Mi oración es que *Caminar Juntos Aun Sin Estar de Acuerdo*
sea más que un libro:
sea una herramienta de restauración,
una guía de fe,
y una prueba viva de que **el amor no se rinde cuando camina tomado de la mano de Dios.**
"Gracias, Señor, porque lo que Tú unes, ni el tiempo ni la prueba pueden desatarlo."

Con amor y gratitud,
María Isabel Rodríguez

✎ Sobre la Autora
MARÍA ISABEL RODRÍGUEZ

Es pastora, autora, conferencista y mentora de líderes, familias y mujeres.

Fundadora de la Iglesia **El Legado, Legacy Kingdom Daycare & Learning Center**, y **Empower Grace Home Care**, María Isabel ha dedicado su vida a servir y restaurar vidas desde la fe, la compasión y la verdad.

Su historia personal de amor, perdón y crecimiento espiritual la ha convertido en una voz de esperanza para matrimonios, líderes y mujeres determinadas a sanar y avanzar.

Autora de varios libros inspiracionales como *"Me Cansé de Existir," "Impredecible De Gallina a Águila," "Que el mundo Oiga," "Hoy soy más fuerte que Ayer,"* y *"Rendirse No Es Opción,"* comparte en cada obra un mensaje de renovación interior y propósito divino.

Casada con **Osvaldo Rivera**, madre y mentora,

María Isabel sigue demostrando que **cuando Dios es el centro, todo lo demás se alinea.**

📖 Encuentra todos sus libros en:

👉 www.amazon.com/author/mariaisabelrodriguez

🌹 **CITA FINAL**

*"Caminar juntos no significa no tener diferencias,
significa no soltarse mientras las atraviesan.
El amor no se rinde, se transforma…
y donde hay fe, siempre hay esperanza."*